FERRET - 1972

ESQUISSE

D'UN

PROJET DE COLONISATION

DE LA

CYRENAÏQUE

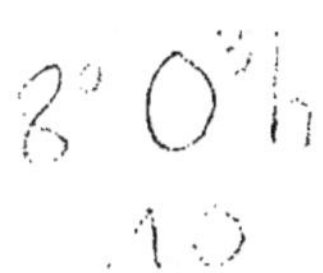

PARIS. — IMPRIMERIE DE VICTOR GOUPY, RUE GARANCIÈRE, 5.

EMPIRE OTTOMAN

ESQUISSE

D'UN

PROJET DE COLONISATION

DE LA

CYRÉNAÏQUE

« Les colonies, par leur nature même, voient
« naître chez elles et font mûrir le fruit de la
« liberté. »

HEEREN, *Politique et Commerce des peuples de
l'antiquité.*

« La propriété est une conséquence nécessaire
« de la liberté, ou plutôt elle est la liberté même
« sous une de ses formes et dans une de ses con-
« ditions les plus essentielles ;... être libre, c'est
« avoir la possession de soi-même. »

FRANCK, *du droit de propriété.*

« La Cyrénaïque semble destinée par la nature
« à former un des domaines essentiels de la civi-
« lisation sur la Méditerranée. »

P. LEROUX ET RENAULD, *Encyclopédie nouvelle.*

PARIS

CHARLES DOUNIOL, LIBRAIRE-ÉDITEUR

29, RUE DE TOURNON

1869

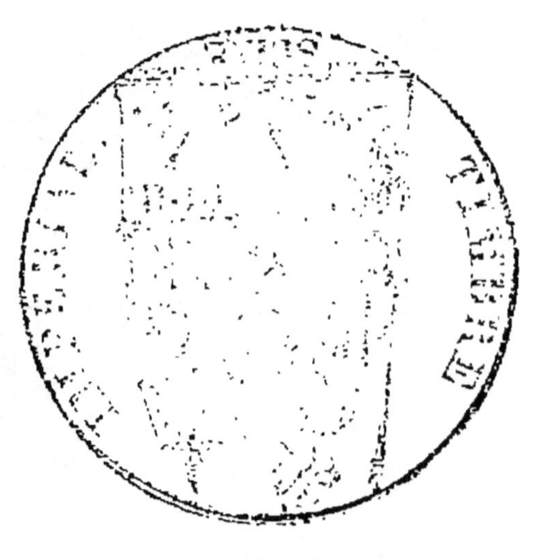

ESQUISSE

D'UN

PROJET DE COLONISATION

DE LA

CYRÉNAÏQUE

I

De l'Occident à l'Orient le monde méditerranéen est depuis
près d'un siècle déjà en travail de transformation et de réor-
ganisation. Ce fut la France qui la première entra dans cette
voie nouvelle où l'Espagne, puis l'Italie se sont ensuite enga-
gées, alors que pendant ce même laps de temps l'Égypte était
par deux fois détachée de Constantinople, que la Grèce ressus-
citait comme nation et que l'Algérie, reconquise sur la barbarie,
s'ouvrait à la civilisation et s'essayait au progrès sous l'impulsion de ses nouveaux maîtres.

Si la Révolution française eut de tels échos et une telle expansion, c'est qu'elle ne fut pas seulement politique ; elle fut par-dessus tout sociale. De l'égalité civile reconnue à tous les citoyens découla en effet l'aptitude de tous à posséder la terre, et la démocratie devenue prépondérante consacra nécessairement la démocratisation de la propriété foncière.

Peut-être, cependant, une expérience qui date de quatre-ingts ans démontre-t-elle suffisamment aujourd'hui que, trop préoccupées d'un passé qui ne peut plus renaître, nos lois ont poussé jusqu'à l'excès cette démocratisation de la terre, et qu'en mobilisant sans cesse les patrimoines, elles dissolvent les familles et développent ainsi l'engeance de ces citoyens sans foyers, de ces « nomades » civilisés qui poursuivent le rude labeur de la vie quotidienne dans les perpétuelles agitations d'une vie presque toujours stérile.

Un jour viendra, nous ne cessons de l'espérer, où, sans blesser la dignité d'aucun citoyen, sur cette égalité civile, seule base d'une société vraiment chrétienne, s'élèvera une certaine hiérarchie sociale modérant la prépotence de cette démocratie qui prétend tout courber sous un inexorable niveau, et où une large liberté testamentaire soustraira enfin les familles aux étreintes d'une loi jalouse de toute fixité, de toute durée, et aux exigences d'un fisc insatiable. La molécule organique d'une société chrétienne gît dans la famille, et seule la famille, s'appuyant sur une normale possession terrienne, peut résister aux absorptions de la bureaucratie, aux bouleversements de l'anarchie, allier enfin au respect de l'autorité les franchises d'une sérieuse liberté.

Cependant, malgré ses défauts, la forme démocratique actuelle n'indique pas moins un large pas fait en avant et constitue pour la société un progrès très-considérable. Mais, tout supérieur qu'il soit à l'ancien régime qui semblait n'avoir retenu du moyen-âge que ses vices sans avoir gardé aucune de ses viriles et précieuses qualités, le nouveau régime demeure jusqu'à ce jour impuissant à satisfaire les hautes espérances que son avénement a fait éclore et provoque par conséquent dans les masses d'amères et violentes déceptions. La liberté, promise pour tout, est au nom de l'ordre public constamment entravée, de même que la possession de la terre, déclarée accessible pour tous, se trouve par certaines prescriptions légales tellement stérilisée qu'elle devient parfois comme une charge se refusant à faire vivre ceux qui avaient mis en elle toutes leurs espérances.

Si, grâce à l'énergie de notre caractère national, la propriété rurale en France a jusqu'à ce jour assez fièrement tenu tête à des lois qui, en haine des anciennes substitutions, l'ont voulu trop mobiliser, le phénomène que nous signalons se manifeste plus clairement au milieu de la transformation actuelle de la péninsule italienne. En nous exprimant ainsi nous faisons abstraction du patrimoine ecclésiastique dont le lotissement et la vente se compliquent encore de l'invincible difficulté d'une manifeste spoliation. Mais, en thèse générale, la propriété rurale en Italie, toute démocratisée qu'elle soit devenue, grevée aujourd'hui d'impôts jusques à la démence, n'attire qu'à grand'-peine les acquéreurs, et sauf quelques contrées privilégiées et pour des raisons spéciales, chaque année dans la péninsule la culture se restreint, chaque année le bétail diminue et les jachères augmentent.

La liberté des transactions sur la terre, la démocratisation de la propriété rurale en Italie est donc presque complétement neutralisée par l'exagération des impôts. S'il n'en a pas été tout à fait de même dans la péninsule ibérique au milieu de ses perpétuels bouleversements, l'Espagne ne le doit qu'à ses colonies, à Cuba surtout et aussi à la banqueroute ; mais cette banqueroute a porté un trop rude coup au crédit public pour que la nation espagnole ait pu y trouver une sérieuse compensation.

II

Il y a dans tout État, quelque sage que soit son organisation, quelque pondérés que soient ses ressorts, une naturelle tendance à s'épancher au dehors du territoire national; mais, favorisée d'ordinaire par le commerce et la politique qui tous deux en recueillent de larges bénéfices, cette tendance s'accentue toujours plus vivement au milieu des crises politiques et des perturbations sociales.

Aussi, pour ne parler que des nations qui bordent la Méditerranée, depuis quarante ans de nombreux essaims de Basques, leurs curés en tête, sont allés peupler les rives lointaines de la Plata, et ces dernières années ont vu un certain nombre de paysans des provinces napolitaines chercher par l'émigration à se soustraire aux impôts, aux exactions et demander à quelque terre étrangère le pain qui doit nourrir leurs familles.

Or, ce que le travailleur qui s'expatrie, ce que le colon recherche, c'est sans doute une terre fertile, mais c'est avant tout l'absence de servitudes, c'est, pour l'*homme* comme pour la *terre*, les plus grandes *franchises*.

Société embryonnaire, la raison et l'expérience nous l'enseignent, une colonie ne peut croître et se développer qu'à l'aide de rouages comme elle rudimentaires. Mieux qu'aucune autre, de nos jours, la race anglo-saxonne semble avoir compris l'importance de cette condition pour les travailleurs dégoûtés de notre vieille Europe. Là, en effet, là seul est le secret du prodigieux développement de la colonisation en Amérique et en Australie, et voilà aussi pourquoi en Algérie, la réglementation d'une part, et l'arbitraire, le bon plaisir, de l'autre, entravèrent dès le premier jour l'essor d'une colonisation qui eût pu, elle aussi, étonner le monde par sa rapidité et sa splendeur.

Pendant près de trente ans, nos gouvernants n'ont voulu voir dans l'Algérie qu'une vaste école d'application pour l'état-major de l'armée, qu'un magnifique champ de manœuvres pour les soldats, qu'un exutoire permanent pour le tempérament belliqueux de la nation. Rien d'étonnant alors que, sous l'empire de telles idées, notre nouvelle conquête ait continué de peser lourdement sur le budget de la métropole, car seule, en la fécondant, la colonisation eût pu la rendre moins onéreuse. Le soldat, lorsqu'il se trouve en face de la barbarie, ne doit marcher qu'en s'appuyant sur le colon (1). Ainsi l'ont toujours voulu les anciens, ainsi le voulut ce moyen-âge lui-même aujourd'hui si décrié ; lorsque saint Louis partit pour la Croisade à la tête de sa vaillante chevalerie, il se fit accompagner par dix mille agriculteurs pourvus de leurs meilleurs instruments de travail, et, en effet, pour les Français du XIIIᵉ siècle, comme pour les Phéniciens et pour les Grecs (2),

---

(1) C'était l'opinion de l'illustre maréchal Bugeaud lui-même, car il proposait de restreindre tout d'abord l'occupation au seul Tell algérien.

(2) « L'État de Carthage sait se concilier l'amour du peuple. Sans cesse il « envoie dans ses contrées d'alentour des colons, choisis parmi ses citoyens, « à qui il assure une honnête aisance. Voilà ce qui caractérise un gouver-

ces maîtres classiques dans l'art de coloniser, la conquête ne fut jamais que le moyen ; le but, c'était toujours la colonisation qui, du même coup, fait fructifier la terre et fleurir la civilisation.

« Il n'y a, dit certain auteur dans un brutal langage, il « n'y a de colonisation que là où l'on fait des enfants. » Rien au fond n'est plus juste ; mais pour nous, chrétiens, qui repoussons la théorie saint-simonienne de la « femme-libre », ou pour parler le jargon du jour, le système des « unions-libres »,

« nement doux et éclairé ; il vient au secours des indigents, en les habituant « au travail. » ARISTOTE, *de la Politique*.

« Carthage mit aussitôt son régime colonial en pratique dans la Sardaigne « et y encouragea les progrès de l'agriculture parmi les indigènes. Grâce à « un gouvernement habile et sagement conçu elle y développa une prospé- « rité que jamais cette contrée n'a connue depuis lors. La Sardaigne, « aujourd'hui si peu peuplée, si sauvage, si malsaine, était, après trois « siècles de domination carthaginoise, quand les Romains s'en emparèrent, « couverte d'habitants et de villes, admirablement cultivée, riche et floris- « sante. » F. LENORMANT, *Manuel d'histoire ancienne de l'Orient*.

« On vit en moins d'un siècle les côtes occidentales de l'Asie-Mineure oc- « cupées par une série de colonies grecques qui s'étendirent depuis l'Helles- « pont jusqu'aux frontières de la Cilicie. Les Eoliens s'établirent aux « environs de Troie, sur la côte de la Mysie, et vis-à-vis de Lesbos dans « une des contrées les plus fertiles. Ils y furent conduits par les descendants « de l'ancienne famille des Atrides, et fondèrent douze villes sur le conti- « nent, et dans l'île de Lesbos la ville de Mitylène qui donne à présent le « nom à toute cette île. Smyrne, la seule qui conserve jusqu'à ce jour une « partie de son ancienne célébrité, et Cymes furent sur le continent les « plus importantes de ces villes.

« A côté de l'Éolie, vers le midi, s'étendait l'Ionie ainsi nommée de douze « villes ioniennes que les Ioniens, expulsés de leur patrie y avaient établies « ainsi que dans les îles de Chios et de Samos. Si l'Éolie se vantait de sa « grande fertilité, l'Ionie était célèbre chez les Grecs par son climat doux et « agréable. Là, s'élevèrent Milet, Éphèse et Phocée, villes commerciales « très-florissantes et métropoles de nombreuses colonies qui s'étendirent « sur les côtes de la mer Noire et de la mer d'Azof et jusque sur les côtes « de la Gaule et de l'Ibérie.

« Le Péloponèse lui-même devint trop étroit pour les Doriens qui l'avaient nous devons dire : il n'y a de colonisation que là où l'on travaille, car le travail seul fait vivre les familles et permet d'élever les enfants. Sans doute il nous faut admettre que, groupés pour les commodités de la vie et pour l'efficaçité de la défense en face de multitudes nomades et pillardes, parfois les colons pourront se voir forcés de suspendre leur travail et de saisir la carabine ; mais d'ordinaire, les mains qui manient la charrue manient également bien les armes. Pour protéger les fruits de son travail, pour défendre son foyer, le paysan se transfigure ; il devient un héros et donne ainsi à ses fils le rude mais salutaire exemple d'une vie toute de labeurs virils et de luttes fécondes.

« conquis et de nombreux colons en émigrèrent pour se fixer en Asie. Cos
« et l'opulente Rhodes, Halicarnasse et Cnide en furent peuplées. Enfin,
« une longue chaîne de colonies grecques s'établit le long des côtes de la
« Macédoine et de la Thrace jusqu'à Byzance, et ce fut ainsi que la mer
« Égée fut entourée de villes helléniques.

« Mais la patrie, loin de s'épuiser par de si nombreuses expatriations,
« semblait se remplir de nouveau et les colons, ne trouvant plus de place en
« Orient, se tournèrent vers l'Occident ; quelque temps après, et avec non
« moins de succès, les Doriens, les Achéens et les Ioniens occupèrent les
« côtes de l'Italie méridionale, nommée plus tard Grande Grèce et les côtes
« de la Sicile. Autour du golfe de Tarente, les villes de Tarente, de Crotone
« et de Sybaris parvinrent à une richesse et à une population qui semble
« presque fabuleuses, et cette chaîne de colonies se prolongea par Rhegium
« et Pœstum jusqu'à Cymes et Neapolis-Naples. — L'accumulation des
« colonies fut encore plus grande en Sicile, depuis Messine jusqu'à Syracuse
« qui surpassa toutes les autres par sa gloire, et jusqu'à Agrigente. Même,
« dans la province de Barca, aujourd'hui si déserte et si désolée, florissait
« sur la côte de Libye, Cyrène, qui ainsi que les colonies fondées par elle,
« nous fournit la preuve que les Grecs, même en Afrique, restèrent Grecs.

« ..... Les colonies, par leur nature même, voient naître chez elles et
« font mûrir le fruit de la liberté... D'un autre côté, les communications et
« le commerce avec les colonies s'accroissaient chaque jour, car celles-ci ne
« devinrent jamais étrangères à la métropole, dont elles furent souvent les
« institutrices pour le développement de la civilisation et des institutions po
« litiques. » HEEREN, *Politique et commerce de l'antiquité.*

Hâtons-nous cependant de rendre justice au gouvernement actuel ; sortant de la routine, il a voulu entrer enfin dans le vif de la question. Le sénatus-consulte de 1863 a posé des assises vraiment fondamentales et, en décrétant pour la terre l'affranchissement de ces mille entraves qui proviennent autant des obscurités de la loi musulmane que d'une immémoriale indivision, il a ainsi ouvert la porte de l'Algérie à une sérieuse colonisation.

La colonisation, en effet, ce n'est pas seulement le peuplement d'une contrée déserte et la mise en valeur d'un territoire en friche, c'est aussi l'éducation de peuplades encore barbares, c'est, par le contact et par la force de l'exemple, la progressive assimilation de races demeurées plus ou moins inférieures ; tout colon est véritablement un pionnier de la civilisation.

La colonisation en Algérie, ce n'est donc pas seulement la France développant les richesses du sol africain en y établissant, sous la protection de ses soldats, les travailleurs de l'Europe, c'est la civilisation venant, après lui avoir fait sentir la supériorité de ses armes, se mesurer pacifiquement avec la société musulmane dans un de ses rameaux les plus énergiques, c'est le christianisme venant lui démontrer la supériorité de sa morale, de ses lois, de ses sciences, comme de ses arts, et la conviant à jouir elle-même de ces avantages et de ces bienfaits au nom de l'égalité fraternelle de toutes les races humaines.

III

Ce monde musulman, la Révolution française dès son premier
élan l'avait heurté et ébranlé en essayant de le disloquer. Mais,
toute politique dans la pensée de son promoteur, l'expédition
que dirigea en Orient le général Bonaparte ne pouvait être
réellement féconde. Sa seule conséquence directe fut l'impatro-
nisation de l'Égypte par Méhémet-Ali, et cette sorte de conquête n'aboutit qu'à une révolution politique au sein de l'islamisme, sans profit sérieux pour la civilisation. Ce que l'Égypte
est aujourd'hui, elle le fut également devenue, grâce à sa situation toute privilégiée, sous la domination directe des sultans
de Constantinople. Le progrès, en effet, n'est qu'à la surface ;
sans doute, depuis longtemps déjà l'on nous parle d'une admi-
nistration égyptienne, d'une armée égyptienne, et même cette
armée a pu faire quelques campagnes heureuses ; sans doute,
on en est venu aussi à parler d'un grand-livre égyptien de la
dette publique. Personne, cependant, ne peut sérieusement
parler d'une nation égyptienne, car sous les nouveaux maîtres,
l'égyptien lui-même, citadin ou paysan, n'est point devenu
citoyen, et la terre égyptienne est demeurée comme une ferme

exploitée par de misérables fellahs au profit exclusif de ses vice-rois ou de quelques-uns de leurs favoris.

Là est la faiblesse, là peut être l'écueil de l'œuvre à laquelle l'habileté de Méhémet sut pourtant intéresser toute l'Europe en affectant de l'identifier avec la cause de la civilisation. Qu'à travers l'horizon politique de la Méditerranée surgisse un jour une bourrasque imprévue, une tempête violente, la vice-royauté de la descendance du célèbre arnaute y peut sombrer tout d'un coup, et les Egyptiens se réveilleraient le lendemain conquis par quelque puissant empire, sans le moindre regret d'une autonomie que l'Egypte ne possède réellement pas.

Peu d'années avant la révolte de Méhémet-Ali, deux autres provinces de l'empire ottoman, la Morée et l'Hellade, s'étaient de leur côté révoltées et, grâce à l'intervention des puissances européennes, elles avaient réussi à se détacher complétement du joug des sultans de Constantinople. Or, là, tout autre était le mobile, aussi tout autres furent les conséquences.

Religieuse et sociale, la scission n'y consacra pas l'indépendance d'un seul, mais l'affranchissement de tous; affranchie également, la terre s'éleva aussitôt au rang de propriété individuelle que la loi déclara inviolable, et, ressuscitée au souffle de sa foi, basée sur la famille et sur la propriété, fécondée par la liberté, apparut tout à coup au milieu des autres nations chrétiennes, ses sœurs, une jeune nation, la Grèce, comme elles désormais immortelle !

Toujours entravée dans sa marche, nous ne le savons que trop, par l'aveuglement des passions et la résistance des intérêts, l'humanité ne peut guère réaliser quelques progrès sans déchirements ni luttes sanglantes. Mais, s'il appartient à l'homme d'Etat de tirer pour la cause qu'il sert le plus habile parti possible du choc de ces intérêts et de l'entraînement de ces pas-

sions, il est du devoir de tout philosophe, de tout chrétien, de
ne s'attacher qu'à la cause de la civilisation, du progrès, de
lui sacrifier même, s'il le faut absolument, certaines sympathies
et de ne conseiller l'emploi de la force, non pour les puériles
satisfactions de l'ambition, mais pour le seul triomphe de la
justice et dans le seul cas de légitime défense.

I V

La justice, la civilisation, le progrès en Orient exigent deux seules choses : la liberté des différentes races qui y habitent et la mise en valeur, l'exploitation régulière de l'immense territoire au milieu duquel aujourd'hui encore elles végètent tristement.

Mais, nous dira-t-on, l'islamisme s'oppose absolument à l'exécution de l'une comme de l'autre de ces deux conditions. Tout territoire musulman, toute terre d'islam appartenant à l'Etat, le chef de l'Etat, le « commandeur des croyants, l'ombre d'Allah, » peut seul disposer de toute propriété ; s'il tolère la possession et la puissance, il la peut aussi faire tout à coup cesser. Or, là où il n'y a pas d'inviolabilité pour la possession il ne saurait y avoir de véritable propriété. Dans l'ordre social et économique l'islamisme, c'est le communisme, de même que dans l'ordre politique, il n'est et ne peut être que le despotisme. Dès son entrée dans l'histoire, l'islamisme nous apparaît armé de pied en cap, tirant le glaive contre le christianisme, et aujourd'hui encore c'est toujours au glaive qu'il veut avoir recours. Un sultan réformateur a pu proclamer le hatt-chériff de Gulhanè, des ministres diplomates ont pu bercer l'Europe de l'espoir d'une salutaire transformation, l'islamisme implacable n'en pousse pas moins à l'extinction du christianisme, et même après la promulgation du Tanzimat, nous l'avons vu accomplir le hideux massacre des chrétiens à Alep, à Djeddah, à Damas et dans le Liban !...

Il ne peut nous convenir de faire remonter jusqu'au gouvernement turc l'initiative de ce déchaînement d'un aveugle fanatisme dont il doit cependant garder la responsabilité. Soyons justes ! l'Orient musulman a ses associations ténébreuses et ses écoles d'assassinat tout comme notre Occident chrétien a ses sectes révolutionnaires et ses professeurs d'insurrections et de barricades. Là-bas, c'est le massacre des chrétiens que l'on prêche, ici, c'est le meurtre des princes que l'on médite, c'est la destruction de tout l'ordre social que l'on enseigne. Les sectaires musulmans brandissent le couteau, tandis que le chef de nos Titans démagogues ne se veut confier qu'à la « très-sainte carabine. » Mais à ces fanatiques attardés dans l'islamisme des premiers siècles, comme à ces illuminés d'un socialisme qui soulève le monde d'horreur et de dégoût, la civilisation ne doit opposer qu'une seule chose, le fusil, et n'en déplaise à la sensiblerie humanitaire de certains rhéteurs qui ne visent qu'à désarmer la société chrétienne pour la livrer sans défense à tous les hasards de l'anarchie, c'est contre de tels adversaires que les « chassepots » feront toujours « merveille !... »

Pénétrons au fond des choses. Autrefois les rayas, c'est-à-dire, les sujets de la Porte qui professaient une religion autre que l'islamisme, n'avaient droit qu'à l'assistance et à la protection des sultans. Mais du jour où Mahmoud a solennellement déclaré « vouloir qu'entre ses sujets on ne distingue le musulman qu'à la mosquée, le chrétien qu'à l'église, le juif qu'à la synagogue, » du jour où, suivant le préambule du code pénal de 1840, « tous ont été admis à être considérés comme égaux devant la loi, » du jour où, selon le firman de 1849, il a été permis aux rayas eux-mêmes d'aspirer aux titres de vizir et de pacha, de ce jour-là l'islamisme a cessé d'être la pierre angulaire, la base fondamentale de l'empire turc. Sorti par l'initiative de son chef lui-même du moule étroit d'une théocratie exclusive, l'État ottoman dès ce jour s'est, comme nous pourrions dire, sécularisé, et en droit, l'islamisme n'y est plus actuellement qu'une religion officielle, tout comme « l'église catholique » en Espagne, l'église « établie » en Angleterre, et l'église « orthodoxe » en Russie, de même qu'en fait, cette religion officielle peut sans doute entraver encore le régulier développement de l'État et la liberté des sujets, tout comme nous voyons dans l'histoire la religion catholique mal comprise servir de prétexte à des persécutions, tout comme nous avons vu longtemps l'église anglicane se signaler par son intolérance, et comme nous voyons aujourd'hui encore l'orthodoxie moscovite persécuter le catholicisme jusqu'à le vouloir arracher des entrailles mêmes de l'infortunée Pologne.

Mais si l'acte de Gulhanè et les hatti-humayouns qui l'ont suivi n'ont pu assurer la liberté des sujets de la Porte, c'est que l'égalité civile n'y a pas encore obtenu sa sanction, sa garantie indispensable, une sérieuse constitution de la propriété individuelle, avec son corollaire inévitable, l'inviolabilité de toute propriété (1). Transformant les sujets en citoyens,

(1) « La propriété est une conséquence nécessaire de la liberté, ou plutôt
« elle est la liberté même sous une de ses formes et dans une de ses condi-
« tions les plus essentielles..... Être libre, c'est avoir la *possession* de soi-
« même. » FRANCK, *Dictionnaire des Sciences philosophiques; du droit de
propriété.

seule la propriété les pourrait rattacher étroitement à l'Etat et contribuer ainsi à constituer l'unité politique de cet empire ottoman, dont l'intégrité est garantie par l'intérêt actuel de l'Europe plus encore que par le respect dû aux traités, et que les puissances chrétiennes ont admis dans ce que l'on appelle le « concert européen, » germe encore confus d'une future amphictyonie de toutes les nations.

V

La terre d'islam à ĵs n'eproprement parler ni sous le régime du communisme, quoique l'État soit déclaré en être le propriétaire unique et universel, ni sous le régime féodal, quoique des beys et des pachas en soient les bénéficiaires souvent héréditaires, ni sous le régime de l'indivision patriarcale, quoique des tribus la possèdent ainsi depuis des siècles, ni sous le droit commun, quoique de temps immémorial des populations qui la cultivent n'aient cessé de se la transmettre régulièrement par héritage ou à prix d'argent.

En matière de propriété foncière, les padischahs n'ont repoussé aucun régime ; ils ont laissé subsister tous ceux qui existaient lors de la conquête, seulement, ils les subordonnèrent tous à la grande loi de la confiscation qui fut pour ainsi dire avec le glaive tant sur les chrétiens que sur les musulmans eux-mêmes leur seul moyen de gouvernement. La théo-démocratie turque, comme toute démocratie, étant essentiellement niveleuse, la confiscation atteignit donc aussi les musulmans, et ceux-ci pour y échapper n'eurent que la ressource de transmettre leurs biens aux mosquées ; cette donation du reste était purement nominale, et se réservant l'usufruit de ces biens ils en conservaient ainsi la jouissance perpétuelle.

Cependant, l'égalité des musulmans et des rayas devant la spoliation nous semble péremptoirement indiquer que cette loi de confiscation ne surgit pas de l'islamisme lui-même, mais bien du régime politique adopté par les Turcs, et qu'elle ne fut jamais que le fruit du seul despotisme. Or, ce despotisme a cessé en droit depuis la promulgation du Tanzimat-Kairiëe que l'habileté turque a voulu présenter aux musulmans non comme une innovation, mais comme un retour à l'ancien ordre de choses vicié par le temps et par les révolutions de palais. Malheureusement, il est toujours beaucoup plus facile à un gouvernement de décréter des réformes que de les appliquer et surtout de les faire appliquer sur un immense territoire par des milliers de fonctionnaires ; aussi la violence, la confusion, le chaos ont-il persisté dans l'empire ottoman, atteignant également toutes personnes et toutes choses.

Régler le régime de la propriété en général et surtout celui de la propriété territoriale, assurer l'inviolabilité de toute possession serait mettre un frein puissant à l'arbitraire ; nous croyons ce règlement possible et ne portant même aucune entrave aux prérogatives actuelles de l'État ottoman.

« A l'époque de la conquête, dit l'auteur des lettres sur la
« Turquie, M. Ubicini, le territoire fut divisé en trois portions ;
« l'une est donnée aux mosquées pour subvenir aux frais du
« culte, à l'entretien des écoles, des hospices ; l'autre, répartie
« entre les vainqueurs ou laissée aux anciens habitants à cer-
« taines conditions, forme la propriété privée ; la troisième
« demeure entre les mains de l'État, censé, du reste, le pro-
« priétaire unique et universel. »

Or, toute terre, toute propriété territoriale peut être consi-

dérée sous trois aspects très-distincts et possède réellement une triple modalité ; elle est tout à la fois « domaine éminent, » « domaine direct » et « domaine utile. »

Au domaine éminent est attachée la souveraineté, mais cette souveraineté se peut parfaitement mouvoir pleine et entière à côté de l'inviolabilité reconnue au domaine direct et au domaine utile qui, réunis, constituent ce que l'on appelle la propriété privée ou individuelle. L'État ottoman censé, comme aujourd'hui, propriétaire unique et universel, c'est donc en réalité l'État jouissant de la plénitude du domaine éminent, et laissant aux particuliers la plénitude du domaine direct et du domaine utile, c'est-à-dire la plénitude de la propriété privée telle que nous la concevons en Europe.

Ce n'est donc pas ce droit de propriétaire unique et universel, ou plutôt ce prétendu droit, cette fiction telle qu'elle existe encore aujourd'hui, qui est un obstacle à une régulière constitution de la propriété privée : l'obstacle ne provenait que du droit de confiscation, et celui-ci aboli, renié par les sultans, permet à l'État de jouir du domaine éminent sur la totalité du territoire de l'empire, au sultan d'exercer la souveraineté, en même temps qu'il doit permettre aux particuliers de jouir largement et sans restriction du droit de propriété.

Une sérieuse constitution de la propriété privée en Turquie et son inviolabilité ne diminueraient donc en rien les prérogatives actuelles de l'État ; à ces prérogatives elles ajouteraient au contraire une nouvelle force, car elles seraient un pas immense fait dans la voie du progrès.

En effet, des liens mystérieux d'une puissance extraordinaire rattachent la cause de la propriété, surtout celle de la propriété territoriale à la cause de la civilisation et font de l'une comme le reflet de l'autre.

Partout, aux temps de la barbarie, la propriété de la terre
ne fut d'abord que le seul fruit de la conquête et de la force ;
plus tard, elle subsista comme privilége, mais, sous l'influence
de la civilisation et du progrès, ces priviléges s'affaiblirent peu
à peu en se multipliant à l'infini jusqu'au jour où la terre, désormais accessible pour tous sans aucune distinction, devint le
seul prix du travail. L'Europe occidentale, sous l'impulsion de
la France, a franchi ou franchit en ce moment ces diverses
étapes ; la Russie commence de l'imiter, tandis que les États-
Unis d'Amérique ont voulu se placer d'un seul bond à certain
point extrême où nous ne sommes pas encore parvenus nous-
mêmes après de longs siècles.

Ouvrir la plus large porte possible à l'exercice du droit de
propriété, déclarer la propriété foncière également accessible
pour tous, démocratiser la possession de la terre dans l'empire
ottoman, ce serait donner à l'Europe la plus sérieuse garantie
de l'exécution du Tanzimat, mais ce serait aussi, dans l'ordre
social et économique, placer la Turquie presque au niveau des
puissances chrétiennes ; ce serait peut-être même encore dé-
tourner de son sein la tempête que recèle le question toute politique des nationalités, tempête qui doit inévitablement,
malgré les condescendances des puissances et l'appui d'officiers
européens, renverser le trône des sultans si leur gouvernement
se contente de décréter des réformes sans vouloir en assurer
l'entière et complète exécution.

VI

La question des nationalités que renferme l'empire ottoman est une question toute politique; de nos jours les violences tolérées sur les chrétiens l'ont parfois transformée comme aux siècles passés en question religieuse, et les fautes seules et l'inertie du gouvernement turc la peuvent encore transformer en question sociale en y rattachant, d'une manière exclusive, la cause de la civilisation.

Cet antagonisme des races orientales a même pris dans ces dernières années un tel caractère, qu'il rend actuellement assez difficile pour la Porte l'exécution des réformes civiles réclamées, dans la juste crainte d'augmenter encore l'influence de certains adversaires qui se sont déclarés, eux aussi, « irréconciliables. »

Il existe cependant, aux extrêmes limites de l'empire ottoman une province où ce choc des nationalités ne peut venir en rien contrarier l'initiative du gouvernement qui n'y trouve devant soi que quelques hordes d'arabes à demi sauvages, exploités par deux ou trois beys subalternes, et vivant précairement au milieu d'une contrée célèbre en d'autres temps par sa fécondité prodigieuse.

Telle est, sur la côte africaine et dépendant du pachalik de

Tripoli, cette province dont le nom arabe de Barcah frappe les oreilles sans réveiller aucun souvenir (1), mais qui, sous le nom de Pentapole libyque, sous le nom de Cyrénaïque, a dans l'histoire une immense renommée justement méritée autant par la richesse extraordinaire de son sol que par les qualités des populations qui s'y développèrent.

La Cyrénaïque, que les Arabes désignent ordinairement sous le nom de « Djebel-Akhdar », la « montagne verdoyante », est ce promontoire de l'Afrique septentrionale qui s'avance dans la Méditerranée décrivant avec la Tunisie les deux golfes de Gabès et de la Sidre entre lesquels s'élève Tripoli.

Elle s'étend du 30° au 35° de latitude N. et du 17° au 25° de longitude E.

« La Cyrénaïque, dit d'Encyclopédie nouvelle, (2) est un « plateau médiocrement élevé d'environ soixante lieues de lon- « gueur sur trente de largeur... Sa figure générale est à peu « près celle d'une ellipse dont l'axe serait dirigé vers l'est-nord- « est. Ses deux expositions principales qui sont le sud et le « nord, donnent la première sur le grand désert de la Marma- « rique, la seconde sur la Méditerranée. C'est une île ou une « oasis de verdure entourée d'un côté par le sable et de l'autre « par l'eau. Elle occupe le milieu de la zône aride et inhospi- « talière qui sépare la région de l'Atlas de celle du Nil. Douée « d'un climat tempéré à la fois par l'élévation du plateau et « par la fréquence des pluies, d'un sol riche et propre aux plus « précieuses cultures, de ports assez multipliés pour son éten- « due, placée en face et à peu de distance de la Grèce, sur la

(1) Il y eut vers la fin du moyen âge un empire musulman du nom de Barcah, mais il avait son centre au fond du golfe de la Sidre. Ledjedabiah et Sort en furent les villes principales.

(2) P. Leroux et Reynaud.

« ligne qui unit l'Europe occidentale et l'Égypte, elle semble
« destinée par la nature à former un des domaines essentiels
« de la civilisation sur la Méditerranée. Jointe à l'Égypte et aux
« contrées de l'Atlas, elle contribuera peut-être un jour pour sa
« part à forcer le centre politique de l'Europe du Nord à des-
« cendre un peu vers le Midi, et à rendre ainsi à la Méditerra-
« née, aux dépens des mers septentrionales, toute son impor-
« tance. En attendant, privée de population et de culture, à
« demi confondue aux yeux de l'Europe avec le désert libyque,
« couverte de vastes ruines que les barbares y ont faites, elle
« repose dans une solitude de mort... »

Le savant Mannert, dans sa Géographie ancienne des États
barbaresques, s'étend avec complaisance sur l'admirable fécondité dont la nature a doté la Cyrénaïque. « Il faut, dit-il, cher-
« cher la raison de cette fécondité dans le gisement des terres
« qui s'élèvent en amphithéâtre. A quelques lieues de la côte
« surgissent des collines dont la hauteur va toujours croissant
« vers le Sud et qui finissent par se rattacher à des chaînes de
« montagnes d'une élévation considérable. Ptolémée... les pla-
« ce à 20 ou 25 milles géographiques de la côte, et telle est
« précisément la largeur de la région fertile. Les montagnes n'y
« sont pas, comme dans les plaines désolées de la Libye, héris
« sées de rochers nus, sans vie et d'un aspect triste ; comme
« l'eau en jaillit de toutes parts, elles se couvrent de bois et de
« terre végétale. Ce qui imprime surtout une grande activité à
« la végétation, ce sont les pluies fréquentes, circonstance que
« les anciens ne manquent jamais de mentionner, ce phénomène
« étant très-rare dans les solitudes arides de la Libye. Les eaux
« pluviales s'infiltrent dans les profondeurs des montagnes et
« y entretiennent l'humidité qui féconde et donne naissance aux
« ruisseaux qui en descendent.

« Les Grecs qui s'établirent dans cette contrée dirigèrent
« les cours d'eau avec intelligence. Ils construisirent de vastes
« citernes, dont les restes sont encore assez bien conservés,
« et les employèrent à l'irrigation générale du pays où ils créè-
« rent partout des jardins, la terre récompensant leur travail
« par les plus riches présents. La main industrieuse de l'homme
« venant ainsi en aide aux dispositions heureuses du sol et à
« l'action de la chaleur, il n'y a rien d'étonnant que les an-
« ciens nous aient représenté les environs de Cyrène comme
« un nouveau paradis.

« Outre le riz que fournissaient surtout les plateaux du sud,
« et les blés, le pays produisait les fruits exquis de toute es-
« pèce, tels que dattes, oranges, grenades; de plus on avait
« du vin, de l'huile, du safran de qualité supérieure; les jar-
« dins et les prairies se couvraient de roses, de giroflées avec
« des parfums très-pénétrants; on en distillait des essences et
« des huiles.

« Les haras de la Cyrénaïque étaient renommés; les auteurs
« anciens en vantent les chevaux; d'un accord unanime, nulle
« part on n'en élevait de plus beaux. Les habitants firent hom-
« mage à Alexandre le Grand de trois cents chevaux de guerre
« et de cinq quadriges magnifiques. Dans les jeux publics de
« la Grèce les chars des Cyrénéens remportèrent plus d'une
« fois le prix de la course.

« Une production de la plus haute importance pour Cyrène
« était le silphium que les Latins appelaient laserpitium ou
« laser; c'est un arbrisseau... A la tige et aux racines on pra-
« tiquait des entailles par lesquelles s'écoulait un suc épais que
« les Cyrénéens pétrissaient avec du son pour l'empêcher de se
« corrompre; ils l'exportaient en tous pays et, à Rome, le sil-
« phium se vendait au poids de l'argent.

« Le commerce de cette substance précieuse était monopole
« de l'État, l'exploitation en était interdite aux particuliers ;
« les Carthaginois se la procuraient par contrebande dans un
« port de la grande Syrte, contiguë au territoire de Cyrène.
« On en trouvait aussi dans quelque province de la Perse, mais
« il était de qualité inférieure. Le véritable silphium croissait
« uniquement à l'extrémité méridionale de Cyrène, dans des
« limites marquées par une ligne courbe qui partait de l'île de
« Platée, — Bomba, — et de la bourgade d'Aziris à l'est,
« et se terminait vers l'ouest au jardin des Hespérides et à la
« grande Syrte, ainsi que les anciens auteurs ont soin de le
« remarquer. Le silphium est représenté sur la plupart des
« monnaies de Cyrène ce qui démontre combien il était en hon-
« neur dans le pays.

« L'agriculture elle-même est soumise en ce pays à des lois
« exceptionnelles. La moisson, les vendanges se font de bonne
« heure dans les contrées du nord. Dès que la récolte est terminée
« dans la plaine, on passe aux régions moyennes qui sont cou-
« vertes de hauteurs d'une médiocre élévation, puis enfin aux
« montagnes, de sorte que l'on récolte pendant huit mois de
« l'année. Les plateaux supérieurs fournissent les arbres frui-
« tiers et le riz. Les terrasses qui montent en amphithéâtre se
« terminent par les prairies où l'on cueille le silphium...

« ...Après la fondation de Cyrène, les Grecs, en se répan-
« dant dans le pays, découvrirent à l'extrémité occidentale de
« de ces côtes une région d'une fertilité prodigieuse. Dans les
« bonnes années, ainsi que le prouvèrent des expériences réi-
« térées, le sol rendait cent grains pour un. La campagne était
« un immense verger...

« L'extrémité occidentale (1) présentait surtout la plus dé-

(1) *Univers pittoresque*; **Afrique ancienne.**

« licieuse végétation, et méritait à juste titre le nom de jardin
« des Hespérides que l'antiquité poétique lui avait décerné ;
« c'était d'admirables vergers, de charmants bocages où l'om-
« bre et la fraîcheur s'étendaient sous l'épaisse verdure des
« lotiers, des pommiers de toute espèce, des arbousiers, des
« mûriers, des vignes, des lauriers, des lierres, des oliviers,
« des oléastres, des amandiers, des noyers. Le figuier, le cor-
« nouillier, le lentisque, le genévrier odorant et le cyprès
« étaient aussi répandus sur ce territoire fertile où la brise
« promenait un air pur et vivifiant, où des eaux fréquentes
« nourrissaient de verdoyants pâturages émaillés des fleurs du
« safran (1).

« Au delà de cette lisière littorale, sur les hautes plaines,
« depuis la grande Chersonèse, dans une longueur de 1,500
« stades sur une largeur de 300, croissait le précieux silphium,
« aux ombelles d'or, aux vertus héroïques, produit sauvage
« des terres incultes, fuyant les soins de l'homme et disparais-
« sant sous la dent des troupeaux, jadis abondant, puis rare,
« puis disparu tout à fait du sol et reparaissant après un long
« oubli pour se laisser étudier par les botanistes modernes,
« sous le nom de « deriah » ou « zerrah » que lui donnent
« les Arabes nomades, maîtres actuels de l'antique région
« silphiophore. »

(1) Au sujet de cette nomenclature de la flore cyrénéenne, extraite de
Scylax, auteur ancien, voici ce que constate un voyageur moderne : « A l'ex-
ception des noyers et des pommiers, tous les arbres nommés par Scylax
« se retrouvent encore de nos jours dans la région boisée de la Cyré-
« naïque. » Pacho, *Voyage dans la Marmarique et la Cyrénaïque.*

VII

« Les tentatives d'établissement (1) de la race pélasgique
« et hellénique sur le littoral fortuné de la Cyrénaïque remon-
« tent à la plus haute antiquité. Il existe tout un cycle de tra-
« ditions et de légendes qui montrent les habitants de la Grèce
« fréquentant cette contrée aux siècles héroïques, et essayant
« d'y fonder des colonies. Les Argonautes y abordent et pré-
« disent la splendeur future des cités grecques qui s'élèveront
« un jour dans la contrée. La nymphe Cyrène, amante d'A-
« pollon et fille d'Hypsée, roi des Lapithes de la Thessalie,
« est transportée sur cette terre à laquelle elle donne son nom
« et y met au jour Aristée, qui devient roi du pays. Des Lo-
« criens-Ozoles abordent à Cyrcinis et à Uzala ; quelques vais-
« seaux grecs, égarés dans le retour de Troie, déposent leurs
« équipages à Meschéla. Toutes ces traditions, qui avaient
« déjà cours en Grèce avant la fondation de Cyrène, ont beau
« être mêlées de fables religieuses comme tous les souvenirs
« de l'Hellade primitive, il est impossible de ne pas admettre,
« avec le savant Mannert, qu'elles ont eu un fondement histo-

____

(1) F. LENORMANT, *Manuel d'histoire ancienne de l'Orient.*

« rique. Elles prennent surtout un caractère marqué de réalité
« aujourd'hui que nous connaissons les antiques rapports de
« la Libye avec la Grèce et l'invasion des Achéens, des Laco-
« niens et des Tyrrhéniens en Égypte par la frontière occiden-
« tale du Delta, à la suite d'un débarquement qui avait dû
« avoir la Cyrénaïque pour théâtre. Et nous ne saurions voir
« une coïncidence purement fortuite, dans cette circonstance,
« que les chronographes grecs placent les premiers essais d'é-
« tablissements de leur race en Cyrénaïque à l'an 1333 avant
« J.-C., c'est-à-dire précisément à l'époque où la confédéra-
« tion libyo-pélasgique était le plus florissante, les navigations
« entre la Grèce et la côte d'Afrique le plus multipliées.

« Quoi qu'il en soit, en 640, Aristote ou Aristée, fils de Po-
« lymneste et surnommé Battus, « le bègue », descendant
« d'une des familles minyennes expulsées de Lemnos par les
« Doriens, partit de Théra pour le littoral africain, sur l'ordre
« de l'oracle de Delphes, à la tête d'une nombreuse colonie,
« dans laquelle étaient représentés les différents éléments qui
« composaient la population de Théra, Doriens originaires de
« Sparte, Cadméens émigrés de Thèbes, Minyens de Lemnos,
« enfin descendants hellénisés des antiques colons sidoniens.
« L'expédition vint d'abord débarquer à l'île de Platée, ou
« on séjourna deux ans. N'y ayant pas prospéré, les colons
« se transportèrent à Aziris, où ils séjournèrent encore sept ans ;
« puis, changeant une dernière fois de lieu de résidence, ils
« vinrent en 631, se fixer sur l'emplacement où ils bâtirent
« Cyrène, après l'avoir acheté des Libyens du voisinage. Con-
« formément à la tradition des mœurs doriennes, ils se consti-
« tuèrent en monarchie aristocratique, sous le gouvernement
« de Battus et de ses descendants.

« La nouvelle colonie se développa d'abord lentement, mais

« le troisième monarque de la dynastie cyrénéenne, Battus II,
« surnommé « l'Heureux », étant monté sur le trône vers 580,
« s'appliqua au développement de la cité, encore trop faible
« pour tenir sérieusement tête aux peuplades indigènes. Il
« appela les Grecs au partage des terres fertiles qu'on pourrait
« enlever aux Libyens, et s'adressa pour les déterminer à la
« Pythie, dont les oracles se firent entendre aussitôt : « Ceux
« qui n'iront dans la fertile Libye qu'après le partage des
« terres, disait le dieu, auront plus tard sujet de s'en repen-
« tir. » Ainsi excités, une foule de Grecs du Peloponèse, de la
« Crète et des îles de la mer Egée vinrent grossir la population
« de Cyrène, et de nouvelles villes helléniques s'élevèrent
« comme par enchantement sur tout le littoral voisin, Apollo-
« nia, Barcé, Tauchira, et la cité des Evespérites. »

De leur côté, les auteurs de la Numismatique de l'ancienne
Afrique (1), racontant la suite de l'histoire de Cyrène, signa-
lent l'extension de son commerce et l'essor de la prospérité :

... Huit rois, portant tour à tour les noms de Battus et d'Ar-
césilas, régnèrent à Cyrène pendant environ deux cents ans.

« Le pays occupé par les Grecs à cette époque s'étendait
« depuis le fleuve Paliuros du côté du Levant jusqu'au pro-
« montoire Boreïon où commençait la grande Syrte. Succes-
« sivement des villes s'étaient élevées ; outre Barcé et Evespé-
« ris, on connaît encore Tauchira. Des tribus libyennes
« nomades, celles qui habitaient le plus près des villes furent
« reçues au nombre des citoyens et s'amalgamèrent peu à peu
« avec les Grecs....

« La prospérité rapide de l'État était due en grande partie
« à la fertilité du sol et au commerce florissant ; le pays était

(1) Falbe et Lindberg, ouvrage terminé et publié par Muller.

« arrosé par des pluies fréquentes et par de riches sources
« d'eau vive, tandis que des montagnes couvertes d'arbres l'a-
« britaient contre l'influence du désert. Il était riche en pro-
« ductions de toutes sortes, et très-propre au nourrissage des
« bestiaux aussi bien qu'à l'agriculture.

« Le commerce à cette époque, était déjà très-considérable.
« Par terre, il se dirigeait principalement à travers Augila,
« comme station de caravane, soit vers l'intérieur de l'Afrique,
« soit vers l'est en traversant l'oasis ammonien jusqu'à l'Égypte
« supérieure et l'Ethiopie. Les routes le long de la côte furent
« aussi utilisées pour le commerce, à l'ouest avec Carthage,
« à travers Charax, où se faisait l'échange des marchandises, à
« l'est avec l'Égypte, Parœtonium servant de station d'en-
« trepôt. Le commerce maritime se faisait sur une grande
« échelle avec les pays grecs, depuis l'île de Chypre et la côte
« de l'Asie mineure jusqu'en Sicile. Des produits du pays c'é-
« tait surtout le silphium qui était un objet d'exportation, mais
« on exportait aussi de l'huile, du safran, des parfums, du
« miel, de la laine, des peaux, des plumes d'autruche, des
« chevaux, du sel, ainsi que des esclaves et des pierres pré-
« cieuses de l'intérieur de l'Afrique (1). »

(1) « On ne peut pas douter, dit Pacho, que ce ne soit de l'intérieur de
l'Afrique que les Cyrénéens aient retiré les matériaux précieux, tels que
l'or, l'argent et pierreries, pour confectionner ces bijoux et les ouvrages
numismatiques dans lesquels ils n'excellaient pas moins; ce dont nous
sommes convaincus d'ailleurs par les monuments parvenus jusqu'à nous.
La position des oasis d'Ammon et d'Augiles leur offrait des stations com-
modes pour ce commerce; et les relations que les Cyrénéens eurent avec le
premier de ces oasis sont aussi irrécusables qu'elles semblent avoir été
suivies de tous les temps.

Les colonnes votives ornées de dauphins que l'on rencontre sur la route
qui conduisait de Cyrène à Ammon, la similitude architectonique que l'on
trouve entre les monuments de l'une et de l'autre contrée, et le voyage des

Nous terminerons ces citations par la description, d'après les
mêmes auteurs (1), de la « ville au trône d'or, » de Cyrène et
de ses ruines actuelles qui demeurent presque ignorées des
Européens, tandis que leur renommée a franchi le Sahara et que
leurs merveilles, racontées par les Augilites, ces hardis voitu-
riers du désert, excitent l'admiration des noirs habitants du
Takrour et de la « poudreuse » Tombouktou.

« La ville de Cyrène était située à 80 stades de la mer, sur
« un plateau élevé et garni de deux collines ; forte par sa posi-
« tion naturelle ; elle était en outre munie de murailles et avait
« une acropole entourée d'eau. Elle possédait un port excel-
« lent, et les environs en étaient très-fertiles. Le nom lui fut
« donné d'après la riche fontaine qui avait causé sa fondation
« et qui dans la langue des indigènes s'appelait Kyré. Déjà,
« sous la domination des Battiades, la ville était d'une étendue
« fort considérable et se distinguait par la beauté de ses édi-

Cyrénéens qui servirent à Alexandre de guides et d'introducteurs, pour
visiter le temple du dieu de la Libye, indiquent en effet que ces relations
furent établies longtemps avant le règne du héros macédonien, puisqu'à
cette époque les Cyrénéens paraissaient déjà avoir été les maîtres de cette
oasis. D'un autre côté, on sait que plus tard les Ptolémées s'en déclarèrent
les protecteurs ; que sous les Romains elle fit partie du nome libyque, et
qu'elle dépendait encore de ce nome sous Justinien. L'étendue de cette
oasis, la bonté de ses eaux thermales, la fertilité de son territoire, et répé-
tons-le, son heureuse situation commerciale au centre de la Libye, expli-
quent ce continuel intérêt qu'elle inspira aux peuples civilisés qui occu-
paient le littoral ; il en serait de même infailliblement de nos jours, si la
civilisation retournait dans des régions qu'elle a trop longtemps délaissées.

« Augiles offrait aux Cyrénéens un point de communication directe avec
le pays des Garamantes, communication qui semble avoir eu quelque activité
à cause des grenats que l'on tirait du mont Atlas, et surtout à cause de ce
grand commerce de peaux de bœufs et de chèvres qui existait autrefois
comme il existe encore aujourd'hui entre les habitants du Phazan (Fezzan)
et ceux de la Cyrénaïque. » Voyage dans la Marmarique, etc , etc.

(1) Falbe et Lindberg.

fics   ; c'est ce que nous apprennent le récit d'Hérodote et
« les louanges de Pindare.

« Dans la seconde époque, lorsqu'elle fut à son apogée, elle
« paraît n'avoir pas beaucoup cédé en grandeur à Athènes, et
« en Afrique, elle était surpassée par Carthage seule....

« Par les richesses que le commerce faisait affluer à la ville,
« et par les relations qu'elle entretenait constamment avec les
« grandes cités grecques des autres pays, Cyrène fut longtemps
« le siége des sciences et des arts... Ses ruines très-considé-
« rables, occupant un terrain étendu, sont témoins de la
« grandeur de Cyrène dans l'antiquité. On y voit les restes
« d'un hyppodrome, de plusieurs théâtres et de plusieurs
« temples, d'aqueducs massifs et de citernes spacieuses, de
« fortes murailles, de longues rues pavées de pierres taillées.
« Mais ce qui excite surtout l'admiration, c'est la nécropole ;
« d'innombrables tombeaux creusés dans la montagne, en
« grande partie ornés de colonnes et de façades d'une belle
« architecture et offrant encore dans leur intérieur des restes
« de peintures et de sculptures, s'étendent de tous côtés hors
« de l'enceinte de la ville. Ce vaste champ de ruines s'appelle
« aujourd'hui « Grennah, » dérivé du nom ancien, ou « Ain-ès-
« Schelad, » c'est-à-dire « la source éternelle, » d'après la
« riche fontaine qui coule encore près des débris du temple
« d'Apollon. »

VIII

Telle fut la splendeur historique de cette contrée que depuis des siècles la barbarie a reconquise. Mais, si ces villes ont été ravagées et détruites, si ces monuments d'un art magnifique ont été renversés et n'offrent plus que des débris, si ces populations ont disparu depuis un temps immémorial sous les coups de cruels ennemis, la nature plus clémente que les hommes a conservé à ce territoire les riches présents dont elle l'avait comblé. Aujourd'hui comme au temps d'Hérodote, le terrain s'y élève toujours en amphithéâtre, permettant ainsi la successivité des récoltes, les pluies y viennent toujours alimenter les sources ; le sol y subsiste donc avec sa même fécondité (1).

(1) « Après avoir franchi une lagune que forme le golfe de Bomba, nous
« arrivâmes sur les premiers échelons des montagnes de l'ancienne Penta-
« pole libyque. Plus nous nous élevions, plus la nature changeait d'aspect ;
« d'abord, l'on n'apercevait que des oliviers clairsemés et quelques arbustes
« étrangers à la Marmarique ; le sol, encore peu boisé, en rend le coup d'œil
« assez triste. La force de la végétation suit la progression des hauteurs.
« Enfin, après quatre heures de marche, dès que nous eûmes atteint le
« sommet, un spectacle nouveau s'offrit à nos regards. La terre, continuel-
« lement jaunâtre et sablonneuse dans les cantons précédents, est colorée
« dans ces lieux d'un rouge ocreux ; des filets d'eau ruissellent de toutes

Alors que respectant, par une générosité jusqu'à ce jour sans exemple, les droits obscurs des tribus musulmanes sur ce territoire algérien devenu terre chrétienne, la France organise en Afrique la colonisation en plaçant à sa base une large constitution de la propriété individuelle, l'empire ottoman n'aurait-il pas un intérêt tout particulier à s'inspirer de ce noble exemple en ouvrant, lui aussi, la Cyrénaïque à la colonisation et en appliquant sur ce sol musulman les principes qui recèlent toute civilisation ?

Que le gouvernement turc déclare *franche* cette terre cyrénéenne, *francs* ces ports cyrénéens, l'exercice de la souveraineté du sultan n'en serait pas amoindri, et le seul impôt foncier, si modéré qu'il fût établi sur ce territoire de près de trois millions d'hectares, lui rapporterait dix fois plus que les contributions actuelles qu'il reçoit du muschir de Tripoli et que les beys de Benghazi et de Dernah extorquent à grand'peine aux misérables arabes croupissant dans quelque rare bourgade ou promenant leurs maigres troupeaux à travers l'immensité de ces solitudes (1).

« parts et entretiennent une belle végétation qui fend les roches moussues, « tapisse les collines, s'étend en riches pelouses, où se développent en foule « des genévriers rembrunis, de verdoyants thuyas et de pâles oliviers.

« Ce riant tableau d'une nature animée, tout à fait étranger aux Nubiens « et aux Égyptiens qui m'accompagnaient, produisit sur eux une vive « impression. Je jouissais de leur surprise. » PACHO, *Voyage*, etc.

(1) Déclarer la race arabe cantonnée et comme parquée à toujours dans une semi-barbarie, lui refuser l'aptitude à tout progrès, c'est ne tenir systématiquement aucun compte de l'histoire. Qu'on en juge par la description suivante de l'Afrique septentrionale, en l'an de l'Hégire 184, — de J.-C. 800, — alors qu'Ibrahim, fils d'El Aghlab, venait d'en recevoir l'investiture des mains de l'illustre khalife, Haroun-al-Reschild... « Des villes nouvelles s'élevèrent et dans les villes anciennes on mit en œuvre les riches débris de « l'art romain dont l'usage n'était pas interdit par les prescriptions reli-

Mais ce n'est pas dans un seul intérêt financier que le gouvernement turc devrait ouvrir la province de Barcah à la civilisation ; la prudence et une certaine prévision de l'avenir le lui
commandent également. Une lutte qui paraît inévitable, quoi-
qu'elle vienne encore d'être éloignée, doit mettre un jour l'État

« gieuses. Casr-el-Cadim, et plus tard, Raccadah devinrent la demeure
« favorite des Aghlabites. Caïrouan, loin d'avoir à leur envier ce privilége
« vit s'élever dans ses murs des mosquées de marbre, et se creuser près de
« ses ports d'immenses réservoirs dont l'eau fraîche et limpide ne tarissait
« pas dans les plus grandes chaleurs de l'été. Des ponts étaient jetés sur les
« ravins au fond desquels coulent dans la saison des pluies de rapides tor-
« rents. Des palais, des jardins plantés d'arbres de toute espèce ornaient
« les principales cités. A Tunis, deux vastes citernes dans lesquelles on avait
« introduit l'eau de la mer, fournissaient aux princes de la famille d'Aghlab
« les poissons les plus délicats de la Méditerranée. La défense du pays n'a-
« vait pas été négligée par ces travaux divers. Les villes démantelées étaient
« entourées de murailles; de nombreux châteaux-forts protégeaient les
« frontières du Magreb, et un système de signaux, à l'aide de feux allumés
« sur les côtes, pouvait en une seule nuit porter un ordre du détroit de
« Gibraltar aux frontières de l'Égypte. Un système régulier de communi-
« cation rapprochait les points les plus éloignés de l'empire. La surinten-
« dance des postes était devenue l'une des premières charges de l'État, et
« des relais toujours préparés faisaient franchir rapidement aux envoyés
« du prince les plus longues distances. Souvent même on employait le vol
« des oiseaux, et les nouvelles les plus importantes, confiées à l'aile d'un
« pigeon, parvenaient au souverain avec une célérité qui semblait tenir du
« prodige.

« Le commerce facilité dans ses relations à l'intérieur par la pacification
« des tribus, l'agriculture encouragée par la modération et la taxe régulière
« des impôts suffisaient aux dépenses exigées par les améliorations qui re-
« nouvelaient la face du pays. Les sciences, les arts, l'éducation publique
« participaient dans ces lointaines contrées du mouvement progressif qui
« donnait alors tant d'éclat à la cour de Bagdad. Ibrahim-ben-el-Aghlab
« recevait à Casr-el-Cadim les ambassadeurs de Charlemagne, tandis que
« les jeunes légistes de sa capitale allaient étudier dans les villes saintes les
« sages maximes des imans les plus renommés. Les sables du Sahara étaient
« franchis par ses agents, et ses successeurs armèrent pour leurs conquêtes
« jusqu'aux noirs que leur or arrachait aux déserts du Soudan. » *Introduc-
tion à l'Histoire de l'Afrique d'Ebn-Khaldoun*, par Noël DESVERGERS.

ottoman aux prises avec les diverses nationalités, souvent abattues mais toujours vivaces, que renferme l'immense empire des padischahs. Le jour où cette lutte s'engagera sérieusement par les armes, ces nationalités n'y paraîtront pas sans alliés ; l'équilibre actuel de l'Europe pourra peut-être, en ce moment encore, neutraliser l'action des grandes puissances européennes, mais il est une autre puissance, les États-Unis d'Amérique, à laquelle cet équilibre... importe peu et que ses intérêts , comme son ambition, pousseront sûrement à prendre sa part des combats pour recueillir aussi les fruits de la victoire.

Déjà, du reste, ces audacieux marins du Nouveau-Monde ont fait connaissance avec la Cyrénaïque, car le voyageur Pacho nous apprend qu'au milieu des guerres du commencement de ce siècle, les Américains débarquèrent sur la côte orientale de cette région et occupèrent quelque temps Dernah, port situé dans le voisinage de la Derne antique (1).

L'intérêt particulier de la Turquie, d'accord sur ce point avec l'intérêt des puissances européennes, doit donc la solliciter très-vivement de s'occuper de cette remarquable province de l'empire, et, en l'ouvrant à la colonisation, de la placer pour ainsi dire sous la sauvegarde de la civilisation.

Chaque année, au nombre de plusieurs centaines de mille, des travailleurs européens s'expatrient, et vont chercher de l'autre côté de l'Atlantique quelque morceau de terre pour y asseoir leur foyer en respirant à pleins poumons l'air vivifiant de la liberté. Ce courant peut être en partie détourné ; au lieu

---

(1) « Sur une sommité qui domine la ville, on voit encore une forteresse construite par les Américains. Ce n'est pas ici le lieu de parler de cette conquête éphémère qui eût changé les destinées de toute la contrée, si elle avait été conçue sur un plan plus vaste. » *Voyage dans la Marmarique, etc.*

d'affaiblir l'Europe et d'aller renforcer cette jeune Amérique déjà si puissante, l'émigrant pourrait devenir *colon, propriétaire, citoyen d'une contrée libre,* s'éloigner du sol où il naquit sans séparer absolument sa destinée de celle de la mère-patrie, et servir encore la cause de l'Europe en servant celle de la civilisation.

S'il est un point du globe terrestre où la solidarité des nations apparaisse éclatante, c'est sans aucun doute sur les bords enchanteurs de cette magnifique mer intérieure qui a nom : Méditerranée! Le percement de l'isthme de Suez va donner un nouvel et prodigieux essor au commerce de toutes les nations qui sont assises sur ses rives ; il nous semble donc impossible que ce promontoire si remarquable et si fertile de l'Afrique septentrionale, que cette « verdoyante » Cyrénaïque reste plus longtemps en dehors de l'immense mouvement industriel et commercial qui entraîne notre siècle dans des luttes d'autant plus fécondes qu'elles seront en même temps pacifiques.

A. CHANNEBOT.

PARIS. — IMPRIMERIE VICTOR GOUPY, RUE GARANCIÈRE, 5.

www.ingramcontent.com/pod-product-compliance
Lightning Source LLC
Chambersburg PA
CBHW061222030726
47595CB00004B/1351